Toni Webber

MONDEN EN BITTEN

LRV

LA RIVIERE & VOORHOEVE

First published in the English language as *Threshold Picture Guide: Number 15, Mouths and bits*

ISBN 90 384 0626 6
NUGI 462
Illustraties: Carole Vincer
Vertaling: Els Smit

Inhoud

MONDEN EN BITTEN

4 Inleiding
5 Ontwikkeling
6 Anatomie
8 Wisselen van de tanden
12 Mondverzorging
14 De tong
16 De staat van het gebit
18 Bit
20 Werking van het bit
22 Probleembitten
24 Bitloos hoofdstel

Inleiding

De bouw van de paardemond is perfect geschikt voor het gebruik van een bit. Na de tanden volgt een open stuk, de lagen voordat de kiezen beginnen. Zonder de lippen of de mondhoeken te bezeren, kunnen we het bit hier op het tandvlees laten rusten. Wanneer het hoofdstel goed past, zal het daarom geen pijn aan tanden of kiezen veroorzaken. Voor het paard is het in dat geval vrijwel niet mogelijk om het bit tussen zijn kiezen vast te pakken en zich zo aan zijn ruiter te onttrekken. Andere diersoorten zullen vaak met een muilkorf of door een neusring in bedwang gehouden moeten worden, maar deze attributen zijn gebaseerd op pijn om gehoorzaamheid af te dwingen.
Bij het paard passen we een veel meer verfijnde manier toe om onze aanwijzingen en wensen kenbaar te maken. De verschillende bitten hebben elk hun eigen manier van inwerking op de paardemond en gecombineerd met de stem, het been en de gewichtshulpen, kunnen we het paard aangeven of we sneller voorwaarts willen gaan of achterwaarts, halthouden of dat we wendingen willen rijden. Het bit was al in gebruik 4350 jaar voor Chr. en gedurende al die tijd tot heden hebben paardemensen geëxperimenteerd met de mogelijkheden ervan. Ook vandaag de dag bevatten alle ruitersportzaken een keur aan variatie in bitten. Veel eigenaren zullen experimenteren met het bit, totdat ze het gevoel hebben dat dit specifieke bit het juiste is voor hun doel. Omdat zowel paard als ruiter een specifiek individu is, zal dus niet elk bit elk paard passen. Sommige paarden hebben een dikke tong, andere juist een dunne. Ook kan de tong lang of kort zijn. De zenuwbanen liggen bovendien niet bij alle paarden op dezelfde plaats en ze zullen bij sommige gevoeliger zijn dan bij andere.
De onderlinge verschillen zullen weliswaar klein zijn en je moet naast de anatomische verschillen ook rekening houden met het temperament om tot een verantwoorde keuze van het bit te komen d.w.z. het passende bit voor het paard en het juiste bit voor de ruiter.

Ontwikkeling

De eerste paardachtigen waren meer hertachtige dieren die in de bossen leefden en zich te goed deden aan twijgen en bladeren. We noemen het de Eohippus, het dageraadspaard. Zijn hoofd liep wat spitser toe en het profiel was iets boller dan bij ons paard, maar zoals we op het diagram kunnen zien (beneden), bestaat het grootste verschil uit de vorm van de mond, bepaald door de stand van de tanden en de kaaklijn.
De Eohippus bezat 44 tanden. De kiezen waren klein en zaten diep verankerd, met kegelvormige punten speciaal ontwikkeld om bladeren en twijgen te kauwen. Het leefde in moerasachtige bossen.
Bij de gevonden fossielen uit latere tijden was de onderkaak minder ontwikkeld dan bij het huidige paard. De Eohippus leefde ongeveer 50 miljoen jaar geleden. Geleidelijk onderging het lichaam veranderingen, de benen werden langer en uiteindelijk kreeg het de vorm van het paard zoals wij dat kennen.

De belangrijkste verandering vond plaats aan de schedel en dan met name aan de onderkaak. De onderkaak werd sterk en groot om de zich ontwikkelende tanden en kiezen te kunnen herbergen, die veel hoger werden omdat het paard meer naar de prairies trok. Het werd een graseter.
Ten tijde van de Mesohippus (25 tot 40 miljoen jaar v. Chr.) ontstond het gat tussen de tanden en kiezen. Deze speciale lagen en de andere ontwikkelingen vinden we terug bij latere verwanten van het huidige paard – MERYCHIPPUS (15 – 20 miljoen jaar geleden) en de PLIOHIPPUS (6 – 10 miljoen jaar geleden). – Allemaal vertonen ze dezelfde kaakvorm met tanden en kiezen en lagen zoals het paard dat wij op stal hebben staan.
Het huidige paard verscheen op aarde, EQUUS CABALLUS, gedurende de laatste miljoen jaar. Het was dit paard dat onze voorouders voor het eerst als huisdier gebruikten en later opzadelden en van een bit voorzagen.

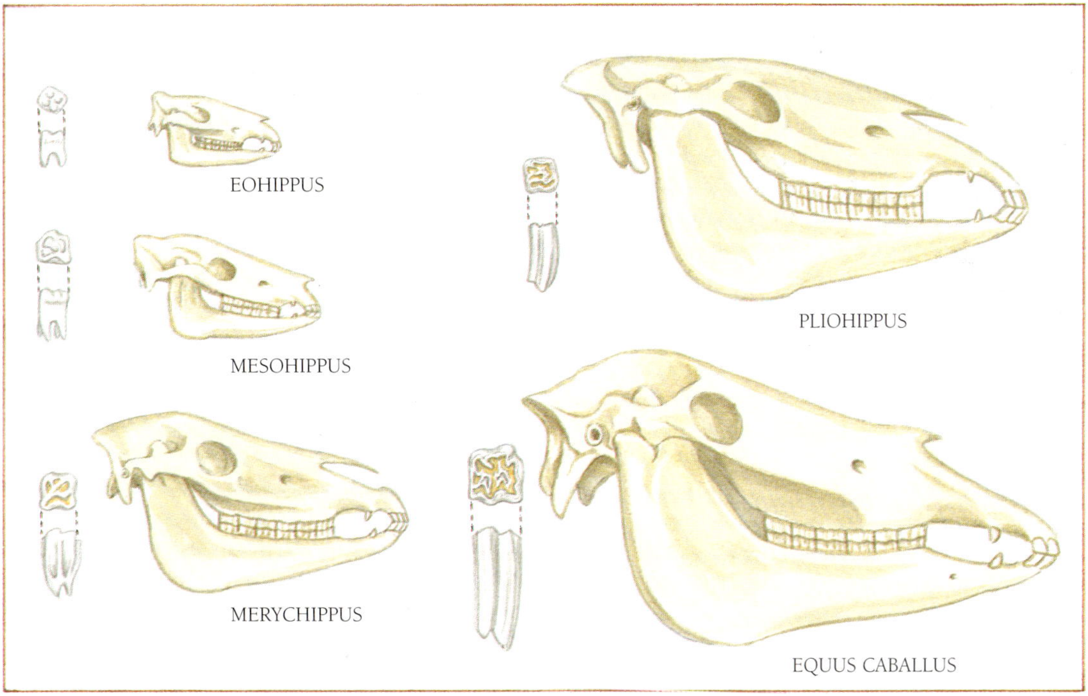

Anatomie

Aan de vorm van de paardemond kunnen we zien dat het paard een vegetariër is. De zes tanden in de bovenkaak en in de onderkaak zijn geschikt om groeiend gras af te bijten. Het paard graast door het gras tussen de tanden te nemen en er dan een ruk aan te geven. Hierdoor komen met het gras ook nogal eens de wortels mee uit de grond. Het is dus een oneconomische grazer. Achter de snijtanden komt een opening, bot overtrokken met tandvlees en bij de hengst vinden we hier de haaktanden. Zowel bij de hengst als bij de ruin verschijnen die op vier- of vijfjarige leeftijd. De afstand tussen de bovensnijtanden en de haaktand in de bovenkaak is meestal groter dan de afstand in de onderkaak. Hieruit kunnen we de conclusie trekken dat deze tanden elkaar nooit zullen raken, ook niet als het paard ouder wordt.
Het gedeelte zonder tanden en kiezen wordt de lagen genoemd. Daarop rust het bit. De lagen lopen min of meer evenwijdig aan de kingroeve, die we vinden aan de buitenkant van de onderkaak.

Verder naar achteren vinden we in de boven- en onderkaak zes kiezen aan beide kanten. Deze kiezen zorgen door hun malende werking dat het voedsel geschikt wordt om door te slikken. Door het malen van de kiezen slijt de bovenkant geleidelijk af. We zien hier weinig van, omdat zich in de kaak van onderaf weer nieuw weefsel vormt.
Het afslijten van de kiezen verloopt soms ongelijk, waardoor er haken op de kiezen kunnen ontstaan. Deze scherpe punten kunnen vaak bij wat oudere paarden wondjes en schaafplekken veroorzaken. We moeten dit regelmatig controleren en de haken zonodig weg laten vijlen.
Tegelijk met de eerste kiezen komen soms ook de wolfstanden door. Deze kleine kiezen willen nogal eens problemen geven doordat ze makkelijk aan de wortel ontsteken, maar kunnen ook hinderlijk zijn wanneer we het bit indoen. Ze zijn makkelijk te verwijderen door de dierenarts en lang niet alle paarden krijgen ze.

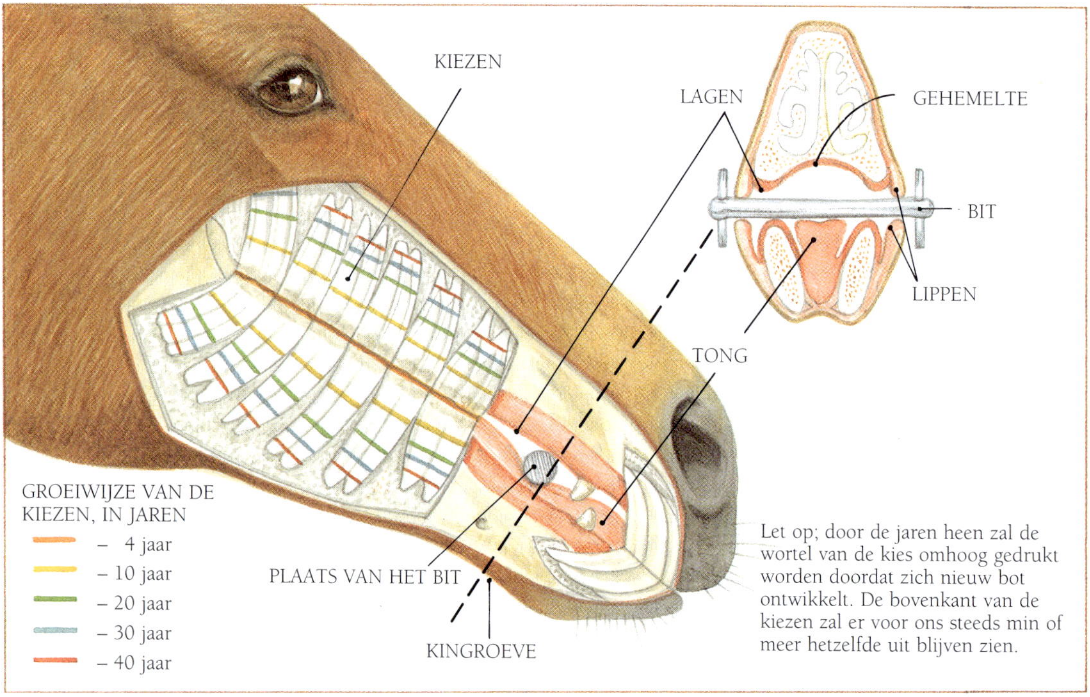

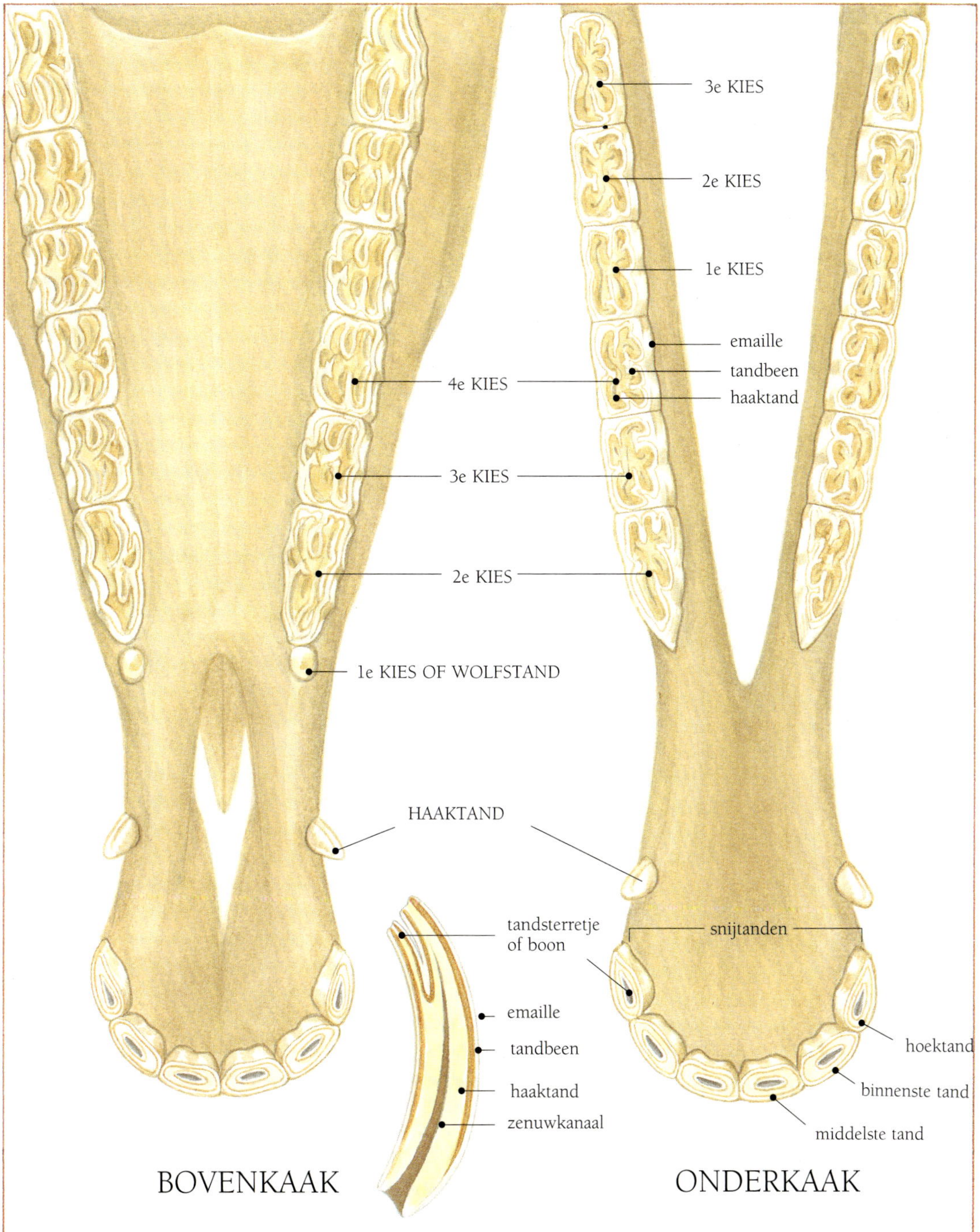

DWARSDOORSNEDE VAN DE KAAK

Wisselen van de tanden

De meeste mensen weten dat de leeftijd van het paard kan worden geschat door naar het gebit te kijken. Alleen tot de leeftijd van acht jaar kunnen we daar redelijk zeker van zijn. Daarna zullen de veranderingen aan het gebit meer individueel zijn. Het schatten van de leeftijd wordt daarna dus meer globaal gedaan.
De tekeningen op deze en de volgende bladzijde laten zien op welke leeftijden de diverse stadia worden doorlopen. Op de tekeningen lijkt dit erg duidelijk, maar in de praktijk is het een stuk lastiger om de leeftijd correct vast te stellen. Veel paarden houden hun hoofd omhoog, of werken niet mee bij het open houden van de mond, of ze houden hun kaken niet stil tijdens de inspectie.
Het is dus verstandig niet alleen op de tanden af te gaan bij het bepalen van de leeftijd, maar ook andere aanwijzingen in de bepaling van de leeftijd mee te nemen.

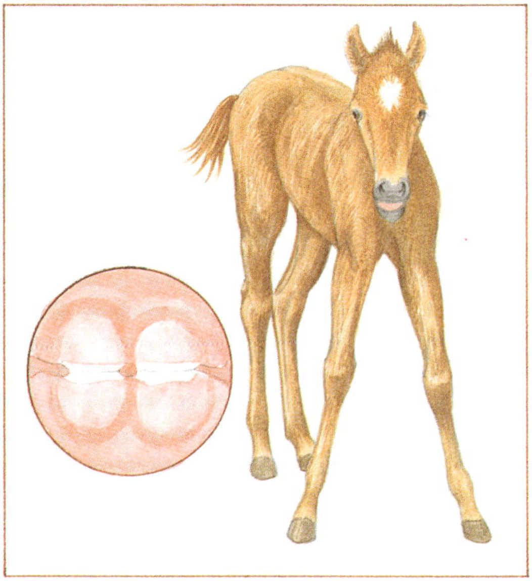

Ten tijde van de geboorte zijn de melktanden bedekt met een dun vlies. De eerste tanden die doorkomen zijn de binnenste tanden en twee of drie kiezen.

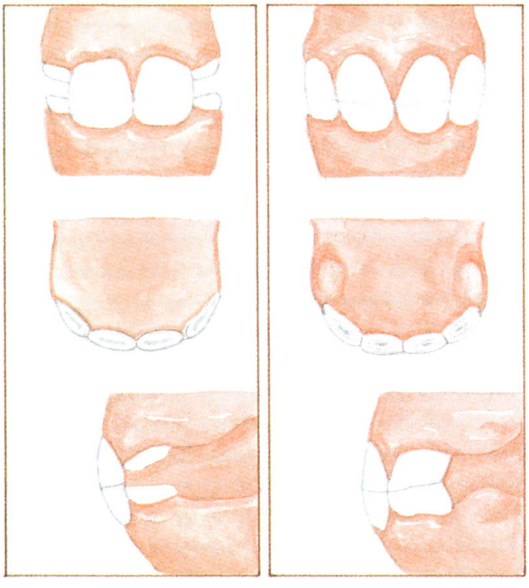

Gedurende de eerste vijf maanden verschijnen de middelste tanden, maar het duurt dan nog eens drie maanden voordat de buitenste tanden allemaal zijn doorgekomen.

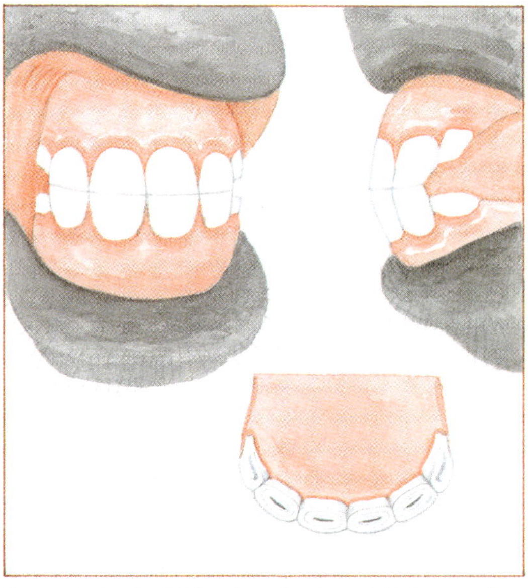

Op éénjarige leeftijd zullen de vier middelste tanden elkaar raken en zijn de buitenste tanden heel duidelijk zichtbaar.

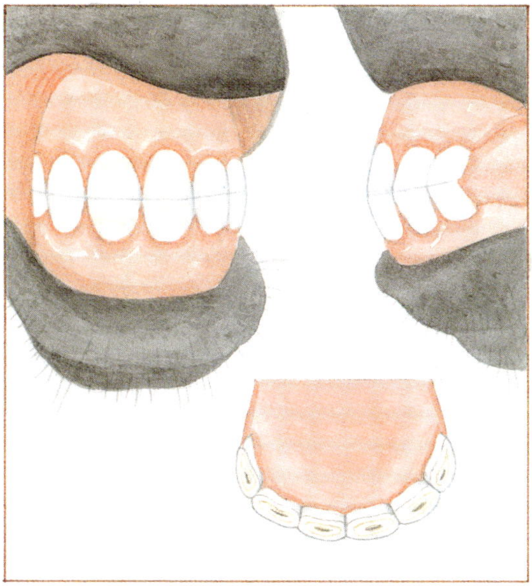

Bij de tweejarige zijn alle melktanden volledig aanwezig. Nu komen de eerste signalen dat de binnenste tanden gaan wisselen voor de blijvende tanden.

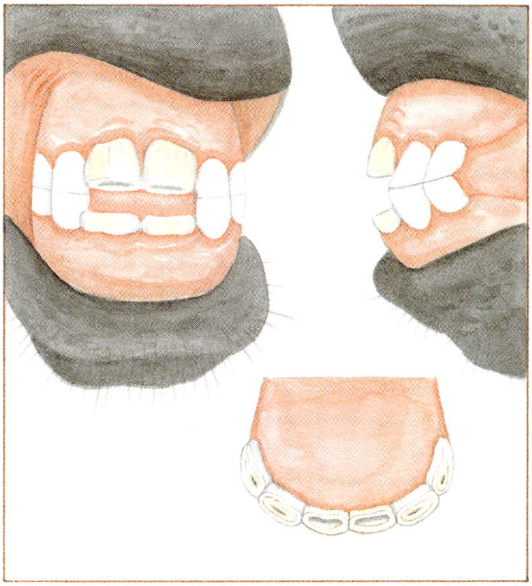

De eerste blijvende tanden komen door op ongeveer 2½-jarige leeftijd. De melktanden gaan los zitten en wiebelen eruit. Het paard gaat lijken op het schoolkind dat aan het wisselen is.

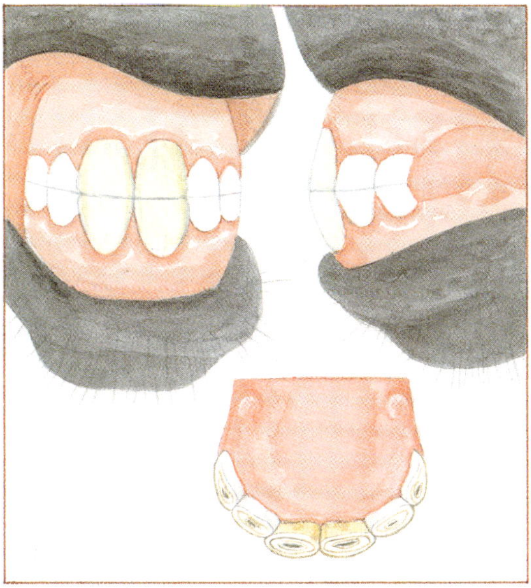

In de mond van de driejarige zijn twee wat grotere en gelige tanden verschenen, zowel in de onderkaak als in de bovenkaak. De tanden aan weerszijden gaan nu los zitten.

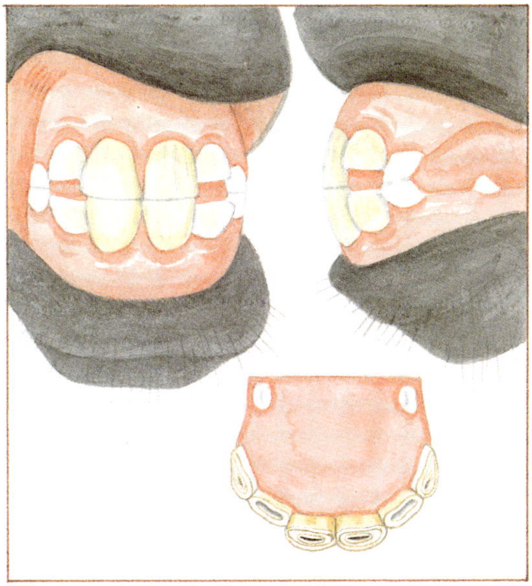

Op 3½-jarige leeftijd worden ook de buitenste melktanden vervangen door de blijvende tanden in zowel de onder- als de bovenkaak. Bij sommige mannelijke dieren kan nu ook de haaktand zichtbaar worden.

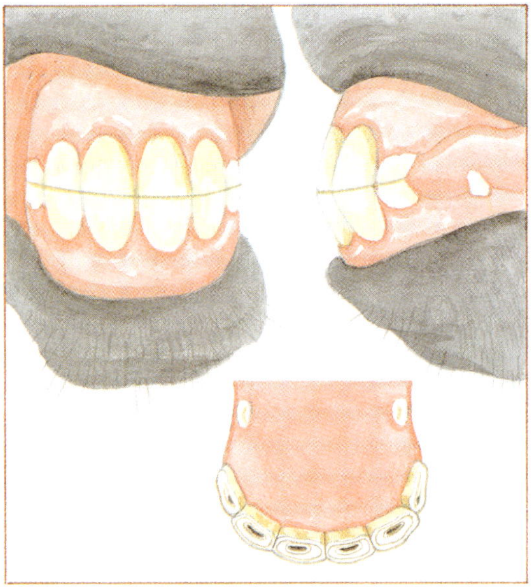

Bij het 4 jaar oude gebit vinden we vier blijvende tanden in de boven- en onderkaak. Hun gelige kleur contrasteert duidelijk met de witte kleur van de buitenste melktanden.

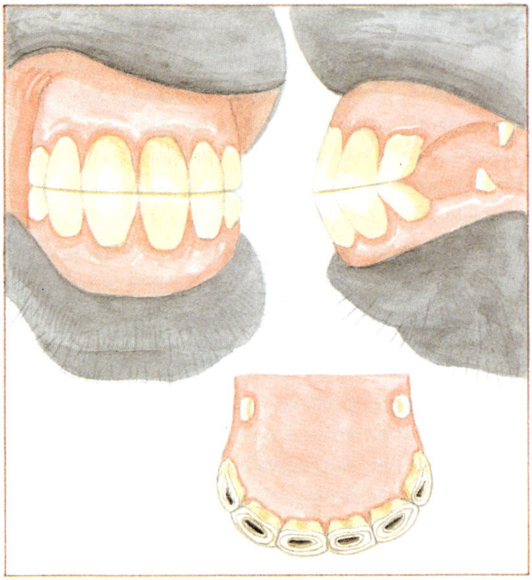

Op vijfjarige leeftijd zijn alle 12 vaste snijtanden aanwezig. Het verschil met de mond van de tweejarige vinden we op het snijvlak, waar een soort bruine boon te zien is, op latere leeftijd sterretje genoemd.

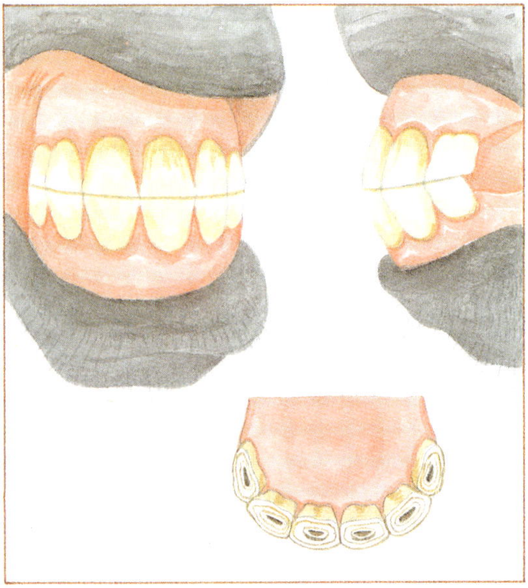

Op zesjarige leeftijd wordt het al wat moeilijker om de exacte leeftijd te bepalen. De boon op de twee centrale tanden wordt nu kleiner dan de rest.

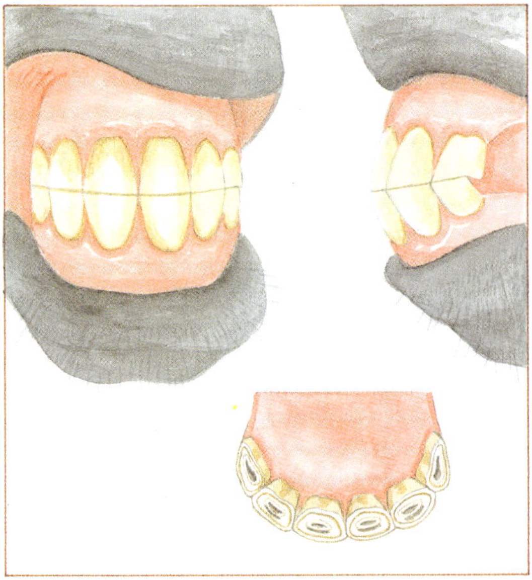

Op zevenjarige leeftijd hebben alleen de buitenste tanden nog een volledige boon op het snijvlak. Tevens vormt zich een haakje op de achterkant van deze tanden in de bovenkaak.

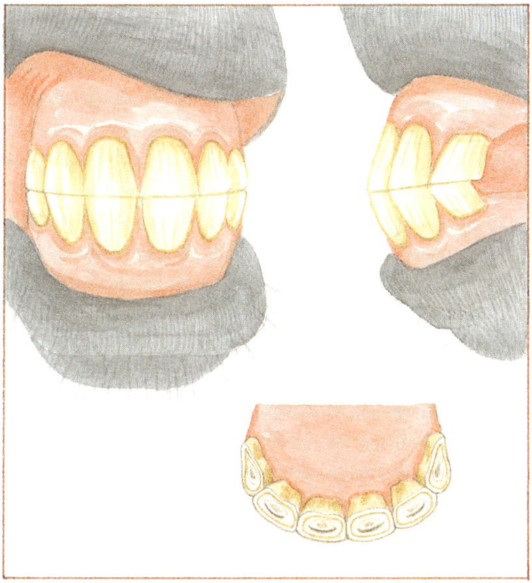

Ook op achtjarige leeftijd is het nog steeds vast te stellen hoe oud het paard is. Het afslijten van de boon op het snijvlak is nu ook op de buitenste snijtanden te zien, terwijl de haak die in het zevende jaar ontstond nu weer verdwijnt.

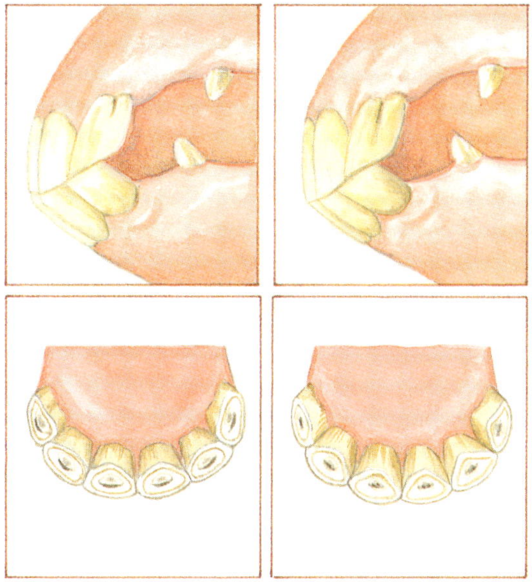

De groeve die bovenaan de buitenste tanden ontstaat, wordt zichtbaar op ongeveer 10-jarige leeftijd. Op 15-jarige leeftijd is hij tot halverwege de tand doorgegroeid.

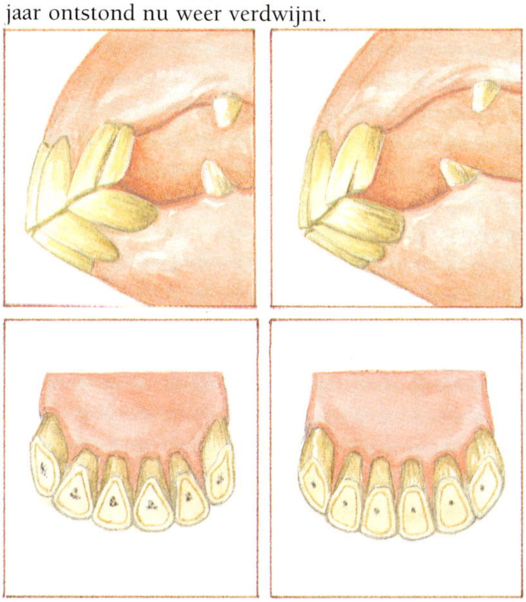

De groef bereikt het snijvlak op ongeveer 20-jarige leeftijd en is in de 25-jarige mond meestal geheel verdwenen. Als het paard ouder wordt, worden de tanden geler, langer en ze gaan schuiner staan.

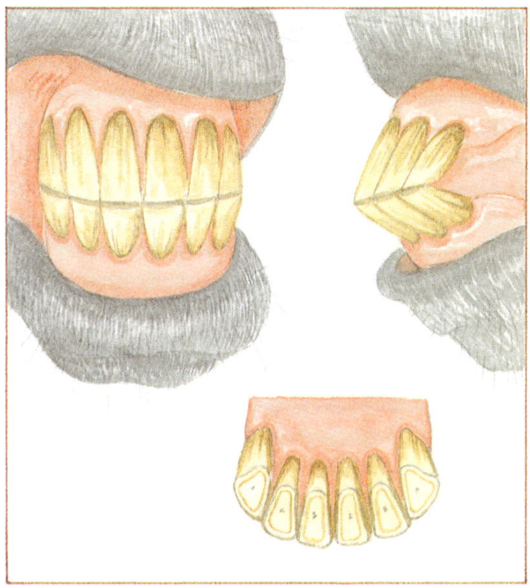

Het tandsterretje op het snijvlak bij de 25- tot 30-jarige is verdwenen. Het snijvlak wordt nu omgekeerd ovaal. De groeve op de buitenste snijtand is nu totaal verdwenen.

Mondverzorging

Het paard is van nature een zeer gezond dier, tenminste wanneer hij correct verzorgd wordt. Serieuze paardeneigenaren zullen hun paarden regelmatig een uitgebalanceerd dieet verschaffen, met gevoel de dagelijkse verzorging op zich nemen en ervoor zorgen dat hij geregeld en zorgvuldig getraind wordt. Ze zijn waakzaam bij conditieverlies en signaleren infecties op tijd. Wat de mond betreft zijn problemen een uitzondering. De tanden en kiezen bezitten gedurende het hele paardenleven een prima conditie, cariës bijvoorbeeld komt zelden voor, terwijl ook ontstekingen aan het tandvlees, abcessen of zweren zeer zelden worden waargenomen bij het paard. Een voorkomend probleem is het ongelijk afgroeien van de kiezen. Doordat de kiezen van de bovenkaak iets wijder staan ten opzichte van de kiezen in de onderkaak wordt het mogelijk dat zich na enige tijd haken op de kiezen vormen, meestal aan de buitenkant van de bovenkiezen en aan de binnenkant van de onderkiezen.

Dit kan tot problemen leiden bij het eten, maar ook tot het ontstaan van wondjes en zweertjes aan de binnenkant van het slijmvlies. Het raspen of vijlen van deze haken door een dierenarts is een makkelijk en nagenoeg pijnloze ingreep. Controleer dus regelmatig het gebit op haken en voorkom dat er wondjes door ontstaan. Een duidelijke aanwijzing kan het vormen van proppen zijn. Je vindt dan in de voerbak kleine ronde restjes voer.
Bij het ongelijk afslijten van de tanden hebben we mogelijk met een kribbebijter te maken. Men veronderstelt dat deze ondeugd ontstaat bij paarden die zich vervelen.
Aangeboren afwijkingen zoals het snoekgebit, of overbijten, waarbij de tanden van de bovenkaak over de tanden van de onderkaak uitsteken, of onderbijten, waarbij precies het tegenovergestelde gebeurt, zijn vrij onschuldige afwijkingen. Ze kunnen het paard in extreme gevallen wel problemen bezorgen en voor de fokkerij zal dit een negatief punt zijn.

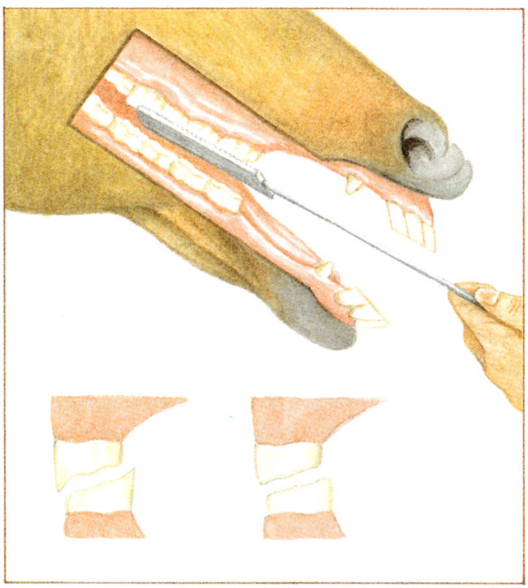

Als het paard ouder wordt kunnen de kiezen ongelijk afslijten waardoor scherpe punten, de haken, ontstaan. Ze kunnen het eten bemoeilijken en wondjes veroorzaken. De kiezen moeten dan gevijld worden.

Het vijlen doet geen pijn, maar de tong kan wel in de weg zitten. Een helper kan de tong aan een kant vasthouden, of er kan een wig tussen de onder- en bovenkaak geplaatst worden.

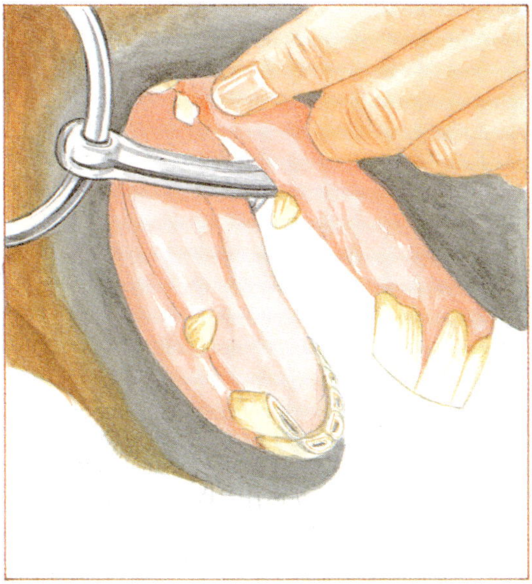

De wolfstanden die dicht tegen de eerste kiezen aan liggen, kunnen soms ontstoken raken. Ook als ze het tandvlees irriteren of problemen met het bit veroorzaken, kunnen ze beter verwijderd worden.

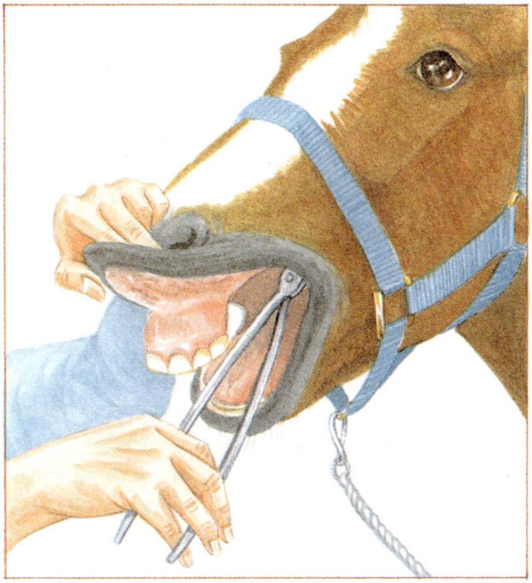

Meestal hebben wolfstanden korte wortels zodat de dierenarts ze zonder verdoving kan trekken. Een snelle ruk met een speciale tang zal dan voldoende zijn om ze te verwijderen.

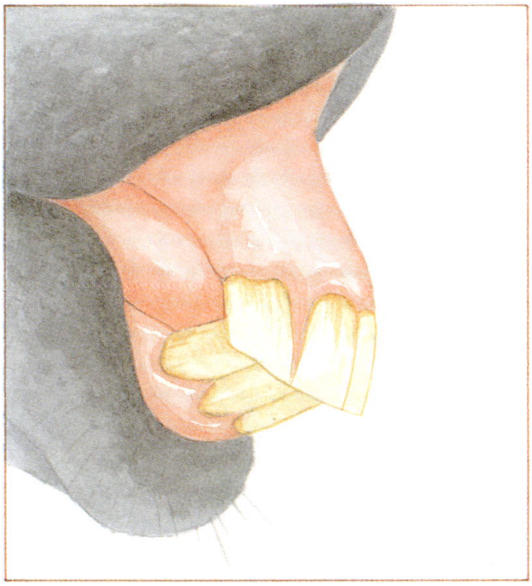

Bij de meeste paarden liggen de snijvlakken van de tanden precies op elkaar. Als de bovenkaak verder naar voren steekt, spreken we van een overbijter.

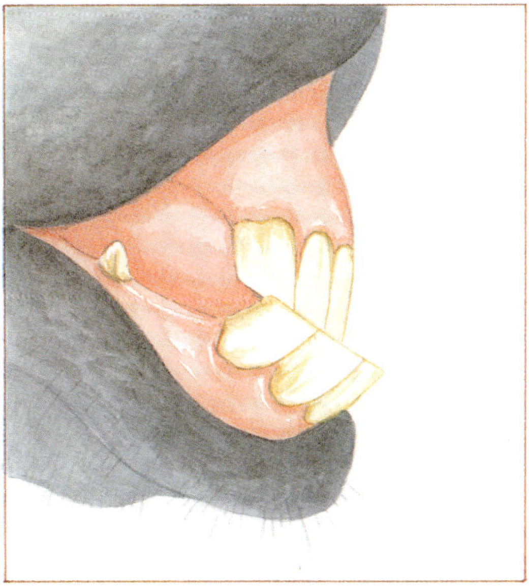

Een zeldzamere variant is het naar voren uitsteken van de ondertanden, ook wel onderbijter genoemd. Geen van de twee afwijkingen hoeft direct nadelig te zijn voor het paard.

De tong

Het hoofddoel van de tong is het naar achteren transporteren van het voedsel, zodat het via de kiezen in de slokdarm belandt. De spieren van de tong zijn sterk ontwikkeld. Op de tong bevinden zich openingen waardoor enzymen worden afgescheiden die samen met de speekselafscheiding in de mondholte komen. Hierdoor wordt met de eerste vertering van het voedsel begonnen.

De tong kan ook gebruikt worden om te likken. Meestal om aan een zoutblok te likken om mineralen op te nemen. Hij speelt geen grote rol bij het drinken. Een paard lebbert niet zoals de hond het water naar binnen, maar zuigt het tussen de lippen door omhoog. Hierbij zorgt de tongwerking voor vervoer naar de slokdarm. De tong wordt ook niet gebruikt voor de verzorging van de huid, het paard likt zich niet schoon zoals bijvoorbeeld de kat. Alleen een merrie zal haar pasgeboren veulen likken om het aan te moedigen om te gaan staan, wat de eerste band tussen hen schept. Soms zal de hengst een hengstige merrie likken en een

Door haar veulen te likken zal de merrie het veulen aanmoedigen om te gaan staan. Het versterkt de band tussen hen.

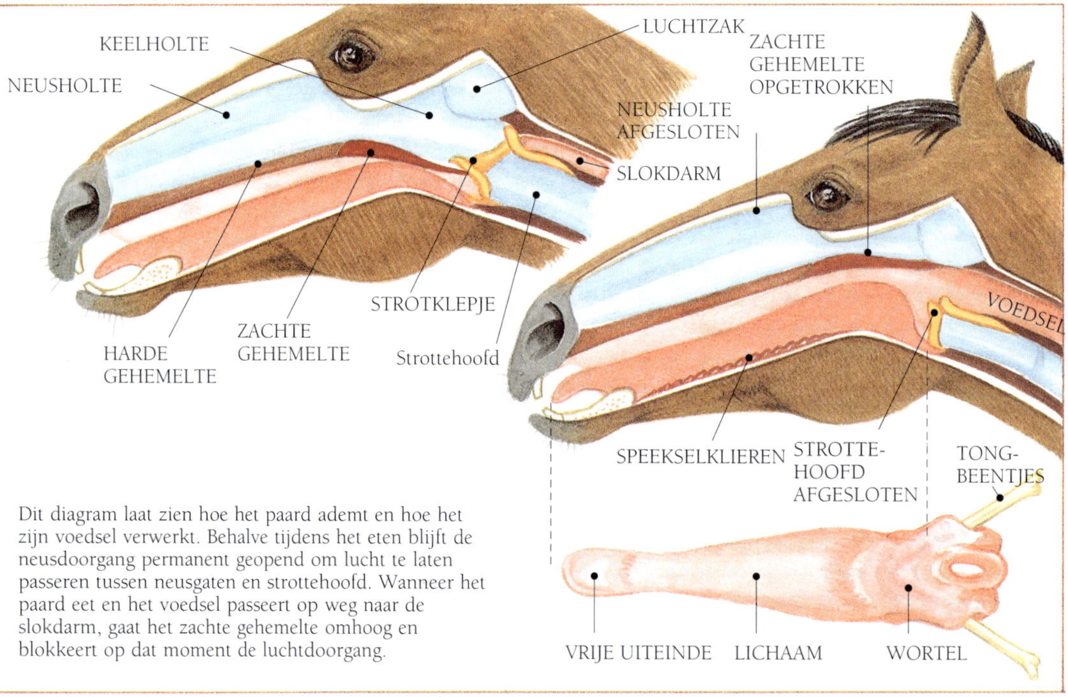

Dit diagram laat zien hoe het paard ademt en hoe het zijn voedsel verwerkt. Behalve tijdens het eten blijft de neusdoorgang permanent geopend om lucht te laten passeren tussen neusgaten en strottehoofd. Wanneer het paard eet en het voedsel passeert op weg naar de slokdarm, gaat het zachte gehemelte omhoog en blokkeert op dat moment de luchtdoorgang.

paard dat gewond is zal de zere plek met de tong verzorgen.
Paarden onderling schuiven hun snijtanden over de huid van hun kameraad om hem te krauwen, een teken van genegenheid en een teken dat ze zelf jeuk hebben en ook gekrabd willen worden.
Een enkele keer worden we geconfronteerd met het verschijnsel 'tonginslikken'. Tijdens een ren houdt een paard plotseling in en maakt een soort gorgelend geluid, waarna het weer vrolijk doorgaloppeert.
Vroeger namen we aan dat de tong werkelijk werd ingeslikt, maar tegenwoordig weten we dat het wordt veroorzaakt door het zachte vlies dat achter in de mond van het paard ligt. Dit vlies dat tegen de keel aan ligt, voert de lucht in. Een plotseling gebrek aan spanning in dit zachte gehemelte onderbreekt de luchttoevoer, waardoor het paard met ademnood kampt en wil stoppen. Het duurt meestal maar heel kort.

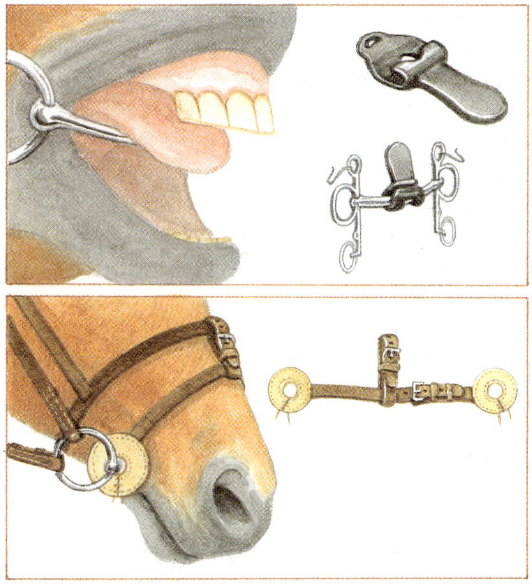

Soms brengen paarden hun tong over het bit. De ruiter zal dan geen controle meer hebben bij het rijden. Een rubber lepel, of een tongriempje kunnen soms uitkomst brengen.

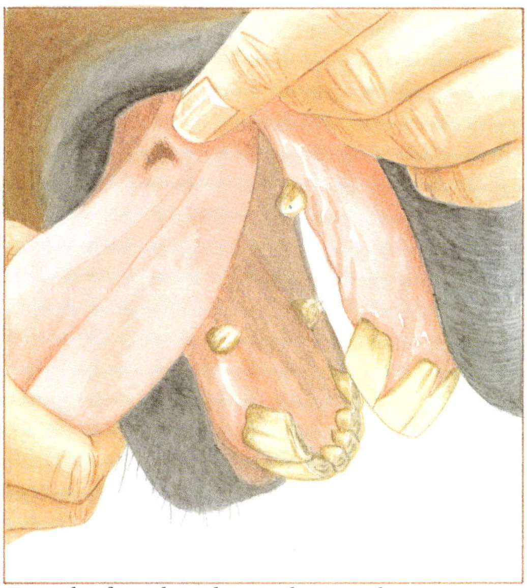

Een schaafwond op de tong kan worden veroorzaakt door ruw gebruik van een te scherp bit. Ook scherpe oneffenheden aan het bit zelf kunnen wondjes veroorzaken. Controleer het bit altijd op scherpe punten en rasp de kiezen zonodig.

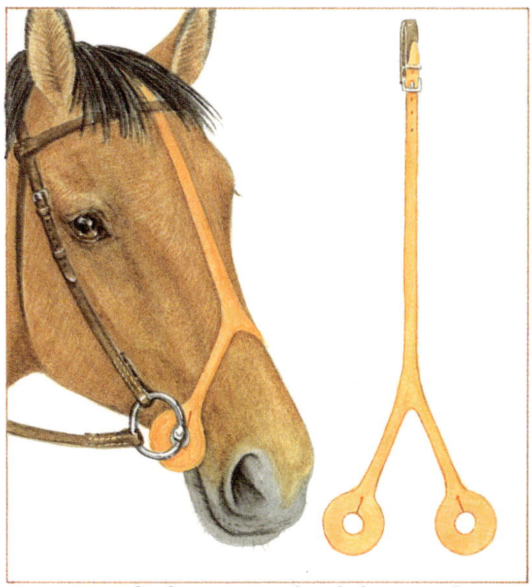

Deze Australische neusriem kan helpen voorkomen dat de tong over het bit gewerkt wordt. Hij wordt bovenaan bevestigd aan het kopstuk en zorgt ervoor dat het bit hoog in de mond blijft liggen.

De staat van het gebit

De kleur van tandvlees en gehemelte kan een goede indicatie geven van de gezondheid van ons paard. Het kan dan ook geen kwaad de mond van tijd tot tijd te inspecteren, zeker als je paard niet helemaal fit lijkt.
Gezond tandvlees is helder roze van kleur. Is het paard in een shock, dan wordt het lichtroze van kleur, evenals bij bloedarmoede. Is het heel erg bleek dan kan het ook duiden op inwendige bloedingen, maar dan zijn er meestal ook andere aanwijzingen.
Als het paard aan geelzucht lijdt, meestal bij jonge veulens vlak na de geboorte, dan zal het tandvlees een duidelijke gelige kleur hebben. Gezwellen onder de kaak of verdikte oorspeekselklieren zijn veelal aanwijzingen dat er iets mis is. In het algemeen geldt dat je de tanden en kiezen en de rest van de mond eerst zelf kunt inspecteren, maar dat er een dierenarts bij moet komen zodra je ziet dat er afwijkingen zijn die je zelf niet kunt verhelpen.

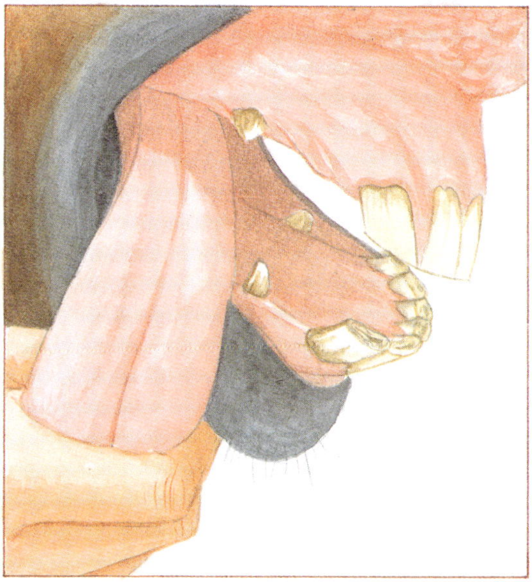

Om de mond te inspecteren kun je het beste de tong vastpakken en stevig naar een kant vasthouden, waardoor hij tijdens de inspectie niet in de weg zit. Dit is een gezonde mond, zoals je kunt zien aan de kleur van het tandvlees.

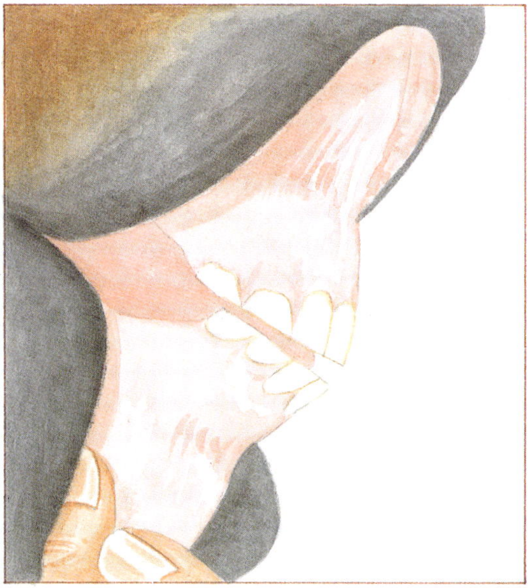

Het tandvlees van een paard met bloedarmoede verliest veel van zijn roze kleur.

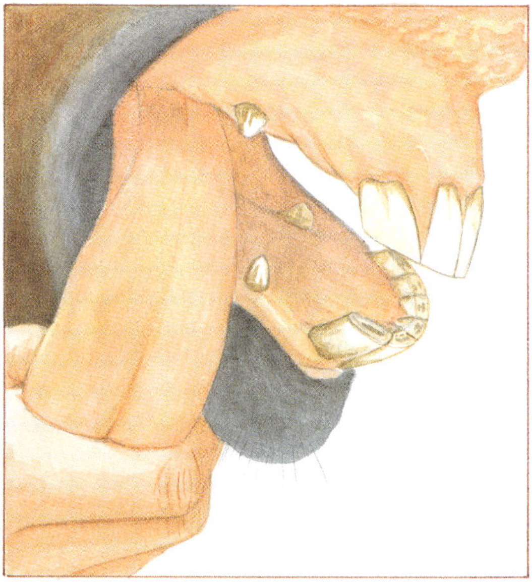

Een symptoom van geelzucht kan geelkleurig tandvlees zijn. Het wordt veroorzaakt door problemen van de lever en komt het meest bij jonge veulens voor. Het tandvlees is uitgesproken geel.

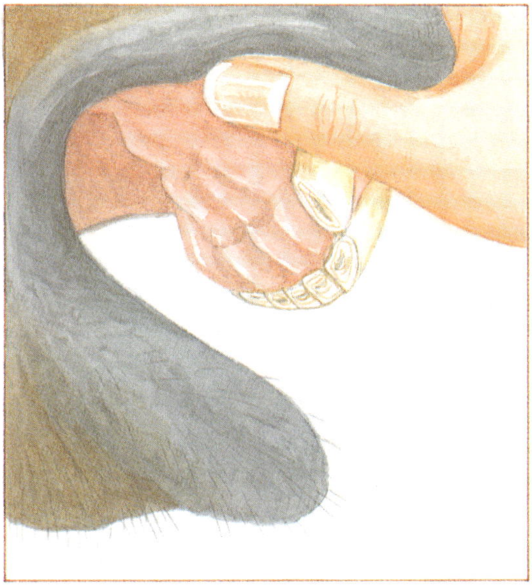

Hangend rooster is een zwelling van het gehemelte dat direct achter de snijtanden ligt en kan zo hevig zijn dat het gehemelte onder de tanden uitkomt. Het is lastig, maar niet ernstig en het verdwijnt vanzelf.

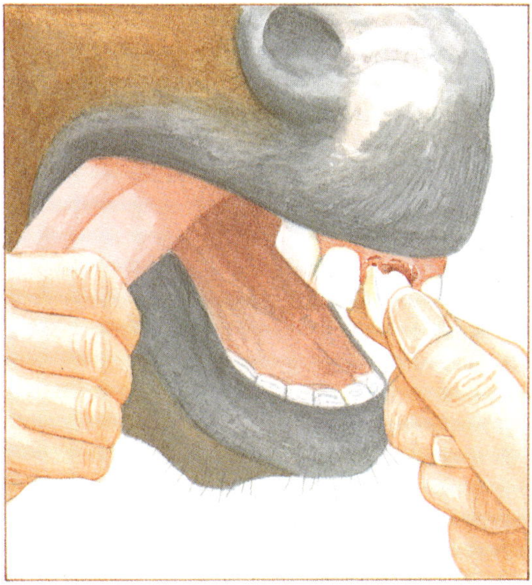

Melktanden gaan los zitten en worden dan door de blijvende tanden omhoog gedrukt, waarna ze vanzelf uitvallen. Een enkele keer is er wel wat hulp nodig.

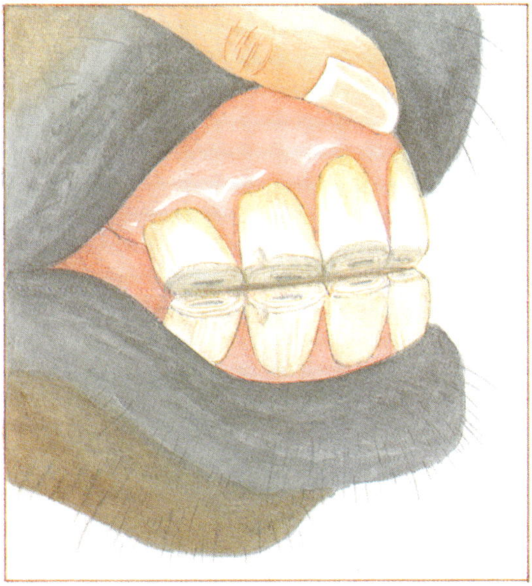

Ongelijk afslijten van tanden kan duiden op kribbebijten. Hier zuigt het paard ook lucht naar binnen, door het vastpakken van een voorwerp met de tanden en het spannen van de halsspieren. Dit gebeurt uit verveling en beïnvloedt de spijsvertering.

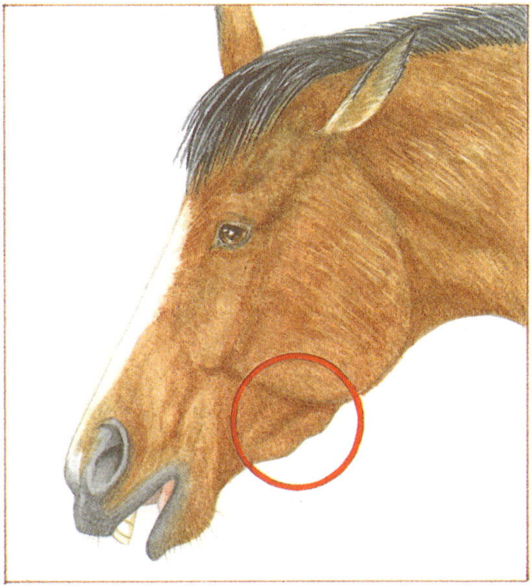

Als het paard aan de buitenkant van de onderkaak een harde zwelling of wond krijgt, kan er sprake zijn van een niet goed doorkomende kies of een ontsteking. Er is maar zelden sprake van een ontstoken tand.

Bit

Een paard dat zonder problemen alleen op een trens gereden kan worden beschikt meestal over een zachte mond. Het zou bij verkoop een positief argument kunnen zijn. Dit geldt nog sterker bij de pony's, die over het algemeen alleen op trens gereden mogen worden. Een paard dat makkelijk op trens gereden kan worden, is een gehoorzame, goed opgevoede kameraad. Ook wat betreft de trens zijn er zeer veel variaties, die echter niet allemaal even vriendelijk zijn qua inwerking.
Paarden zijn zeer verschillend in temperament en bouw, en het komt dus voor dat je een paard treft dat beter op een bit reageert met een totaal andere werking dan de trens. In het geval van de pelham bijvoorbeeld wordt een trens met een stangwerking gecombineerd in een simpel bit. Het voldoet het beste indien we twee teugels aan het bit bevestigen. De stand en trens, die alleen door zeer ervaren ruiters mag worden gebruikt, bestaat uit twee aparte bitten, waarbij de trens iets boven de stang wordt bevestigd.

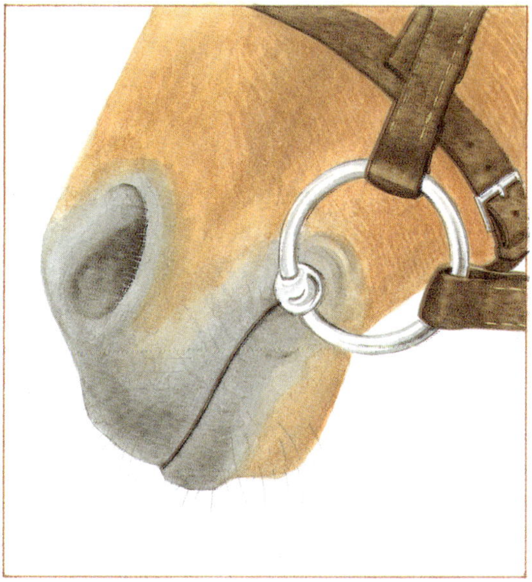

De trens zit hier op de juiste plaats. Hij mag de mondhoeken niet optrekken zodat het lijkt of het paard glimlacht.

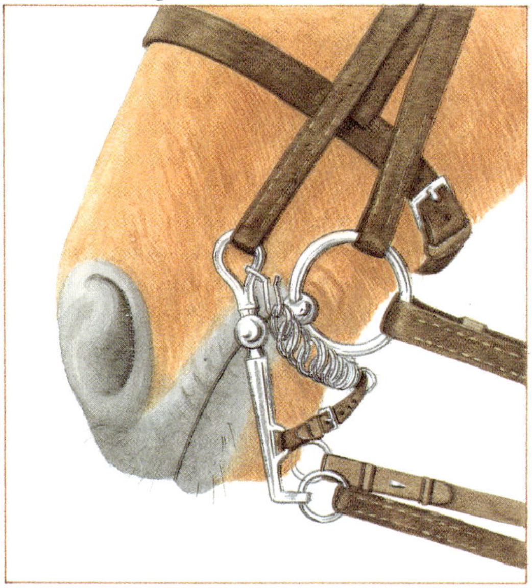

Zo ziet het stang en trens hoofdstel eruit. De dunne trens wordt boven de stang in de mond gehangen. Er moet altijd een kinketting en/of een kinriempje aan de stang bevestigd worden.

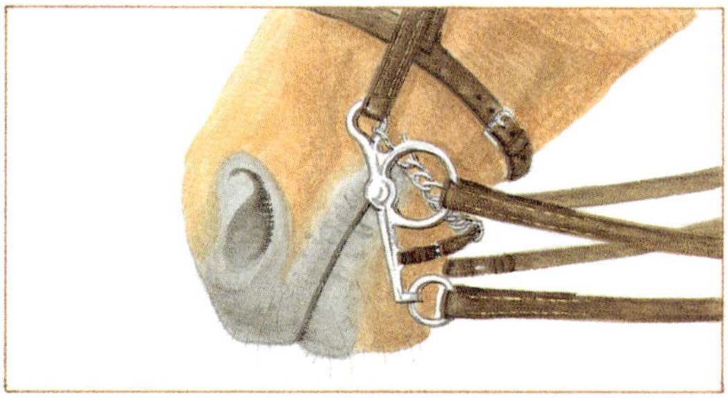

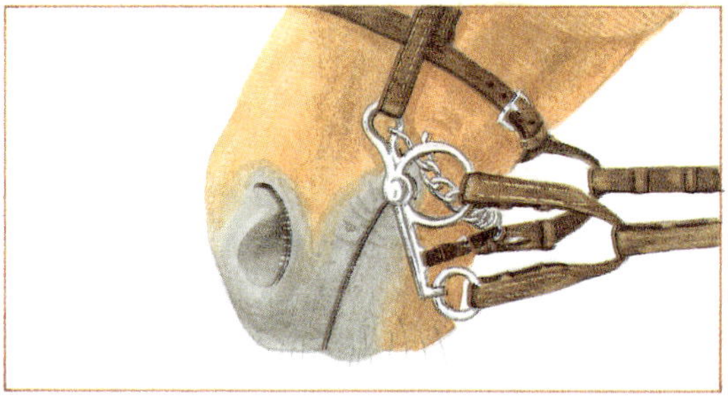

Twee teugels aan de Pelham geven een subtielere inwerking door de ruiter dan wanneer hetzelfde bit door middel van een halfrond riempje geschikt is gemaakt voor een teugel.

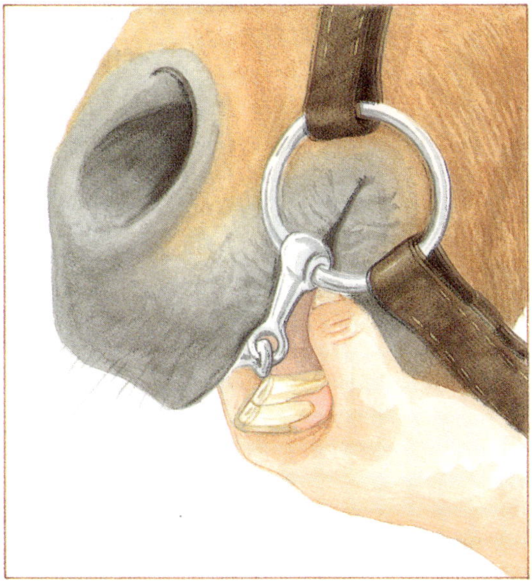

Druk met je duim licht op de lagen van de paardemond, dat vergemakkelijkt het inbrengen van het bit, omdat het paard dan zijn mond openhoudt.

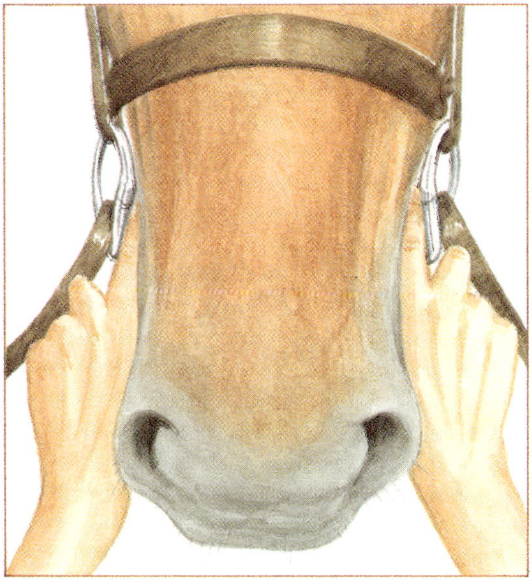

Controleer of het bit de juiste breedte heeft. Plaats hiertoe je wijsvingers tussen de bitring en de paardewang. De vingers moeten er makkelijk tussen kunnen.

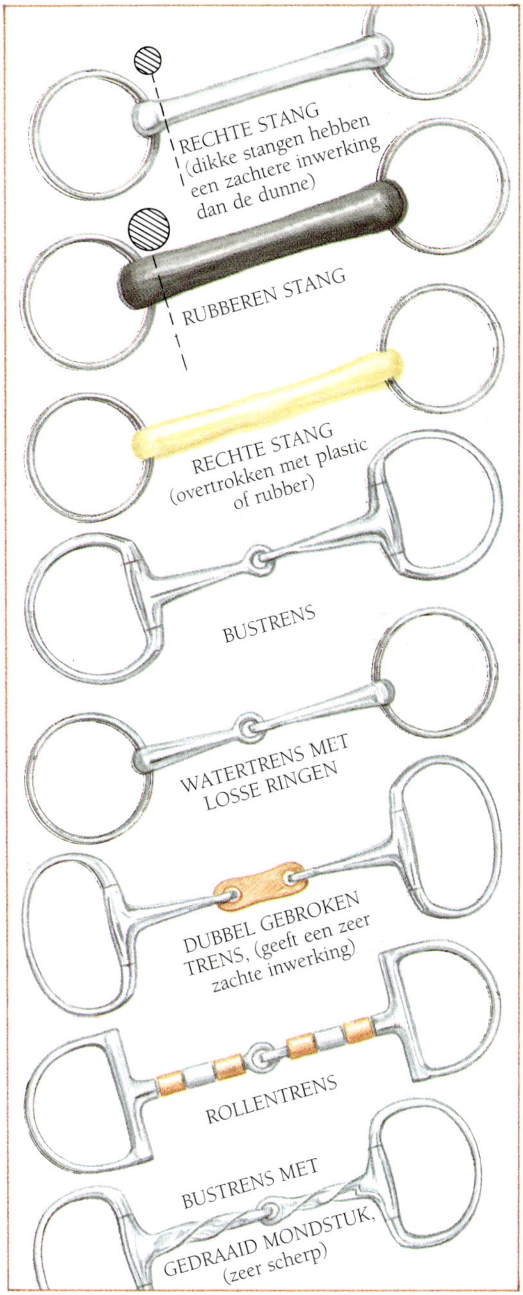

Van boven naar beneden is een aantal bitten gerangschikt, dat inwerkt van zeer zacht tot heel scherp. Het rollerbit nodigt het paard uit te kauwen op het bit. Door het gebruik van de bustrens voorkomen we beschadigingen van de mondhoeken.

Werking van het bit

Wanneer via de teugels druk wordt uitgeoefend op de mond, zal de druk die door het paard wordt ervaren sterk afhankelijk zijn van het soort bit dat we op dat moment gebruiken. De rechte stang werkt heel eenvoudig in op de tong en de lagen. Bij de gebroken trens ontstaat een notekraker-effect op de tong, terwijl de mondhoeken worden opgetrokken.
Een stang met scharen werkt in op de nek en hoe langer de scharen zijn, des te sterker zal de hefboomwerking zijn. De bijbehorende kinketting oefent druk uit op de kingroeve.
De vorm van het bit zegt veel over de inwerking. Dikke rechte bitten gelden als zacht qua inwerking. Een iets gebogen stang biedt veel ruimte aan de tong; de stang met veel tongvrijheid, een verhoging in het midden en enige vrijheid van het stangmechanisme ten opzichte van de scharen, heet een pompstang. Deze stangen werken erg scherp in op de lagen, die zeer gevoelig zijn en bij onoordeelkundig gebruik ook op het verhemelte.

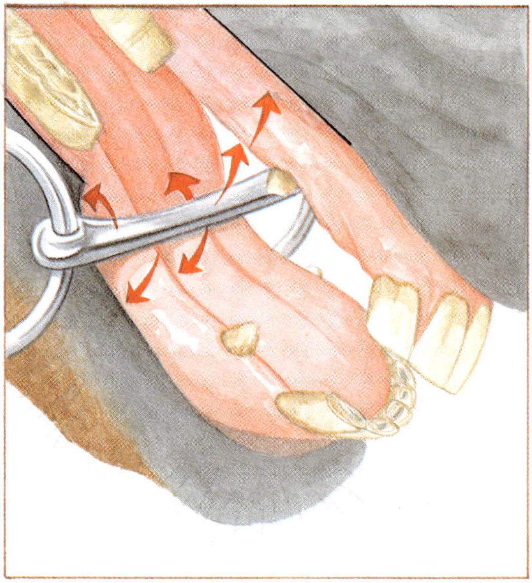

Een recht bit werkt gelijkmatig in op de tong en de lagen, zoals door de pijltjes is aangegeven. Een nadeel is dat het paard op dit bit kan gaan hangen.

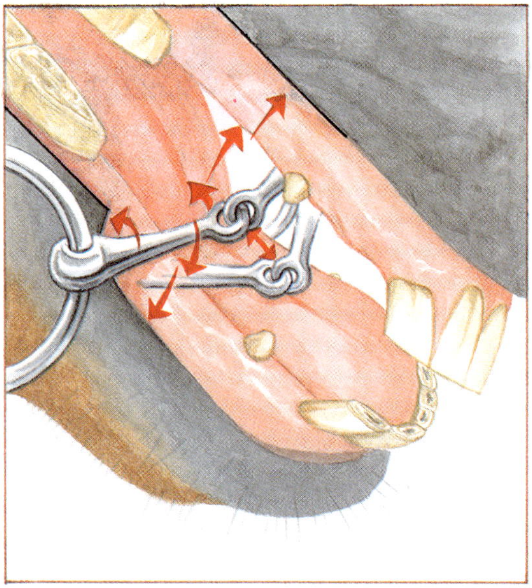

De gebroken trens werkt als een notekraker wanneer de ruiter druk uitoefent. Hierbij worden de tong, de mondhoeken en de lagen betrokken.

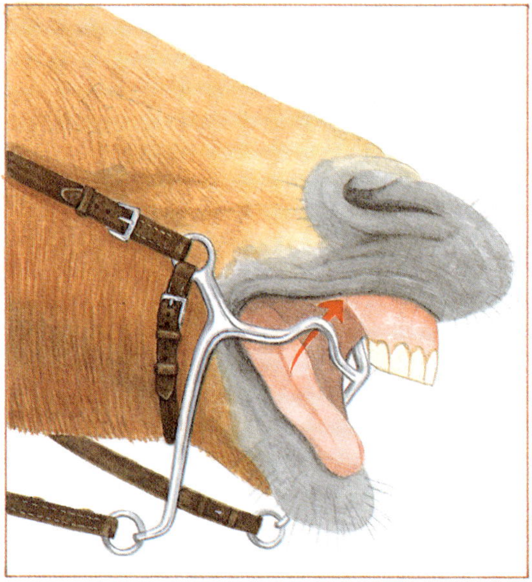

De werking van de stang berust op een hefboomwerking, waarbij druk wordt uitgeoefend op de gevoelige lagen, tandvlees dat direct over het bot heen ligt. Bij dit Western bit zien we dat de tongvrijheid direct op het gehemelte inwerkt.

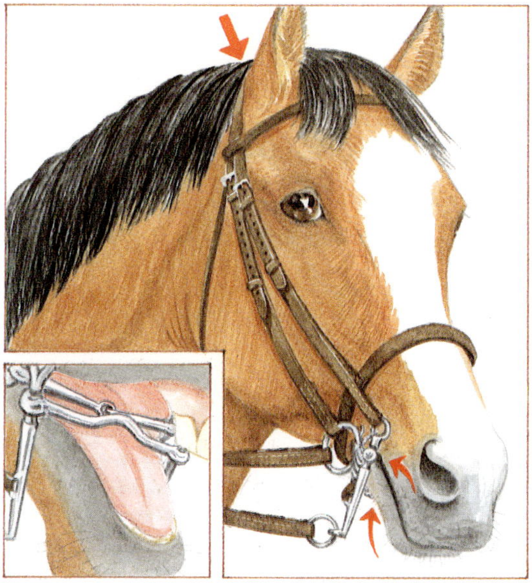

Het stang en trens hoofdstel combineert de werking van de stang en de trens. Het oefent druk uit op zowel nek als kingroeve, daarnaast op de tong, het gehemelte en de lagen van de mond.

Soms geeft een ophaaltrens een goed resultaat. Deze werkt op het kopstuk in en tevens op de mondhoeken. Hij wordt gebruikt om te voorkomen dat het paard zich aan de werking van het bit onttrekt.

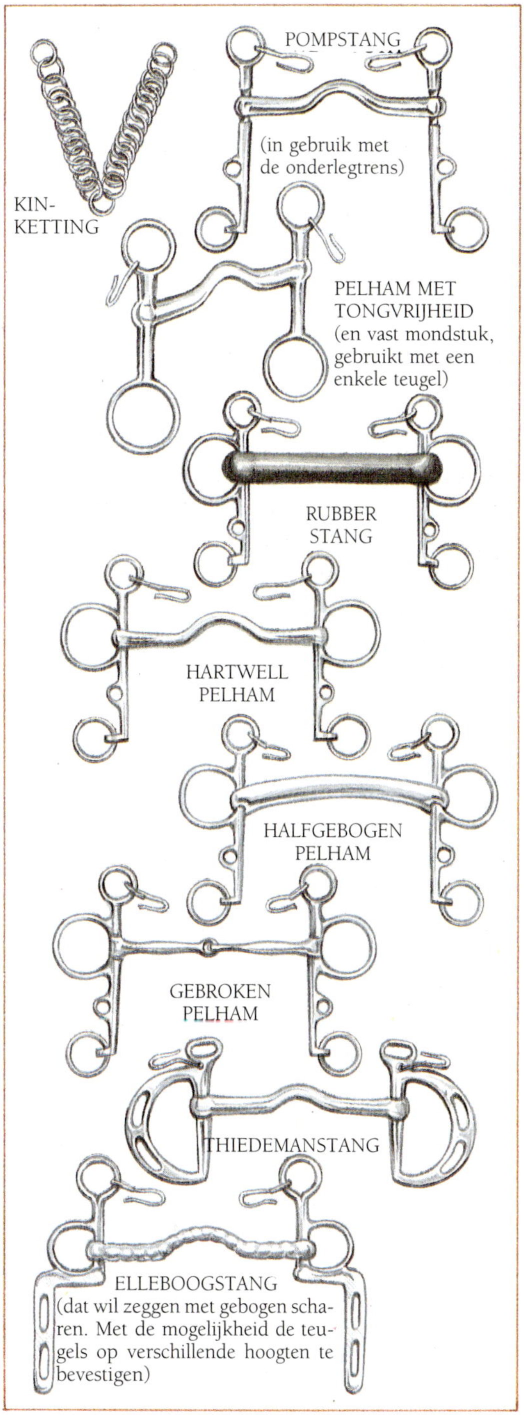

Probleembitten

Het is niet eenvoudig om het juiste bit te vinden. Eerst moet er bekeken worden hoe je tijdens het rijden op de paardemond inwerkt. Probeer ook altijd eerst een bit te lenen, voordat je er een koopt. Het paard kan zich aan de inwerkingen van zijn bit onttrekken, bijvoorbeeld door het opensperren van de mond, de ruiter de teugel uit de handen te trekken of door met het hoofd te slaan. Hij kan zich links of rechts vastzetten, of zich in de hals oprollen. Als je dit niet zelf veroorzaakt, inspecteer dan het bit en de mond van je paard zorgvuldig. Een andere neusriem, de dressuurneusriem die niet te laag bevestigd wordt, of een martingaal kunnen soms de oplossing bieden. Experimenteer desnoods met een ander bit. Als er in de mondhoeken kloven of schaafplekken ontstaan, kijk het bit dan na op scherpe punten en controleer de breedte; het bit mag noch te smal noch te breed zijn. Ligt het hier niet aan, dan kunnen rubberen ringen aan het bit bevestigd worden om de mondhoeken te beschermen, of er moet een dikker bit gebruikt worden.

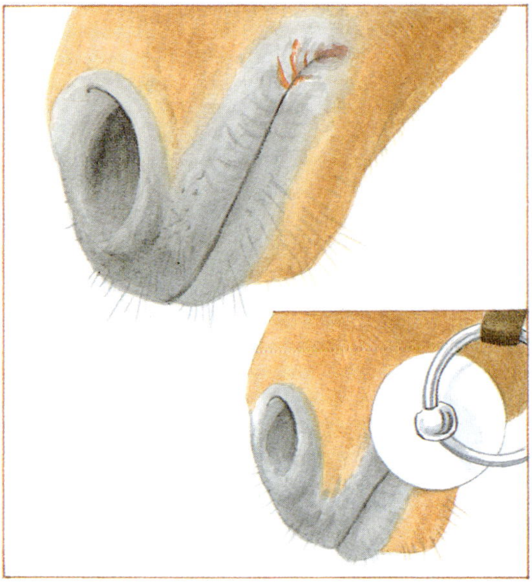

Als er makkelijk kloven ontstaan in de mondhoeken van het paard, controleer dan eerst of het bit niet te klein of te groot is. Rubber trensringen kunnen ook uitkomst bieden.

De gebroken Thiedemanstang is een populair bit als het er om gaat meer controle over het paard te krijgen, terwijl het paard normaal op trens loopt.

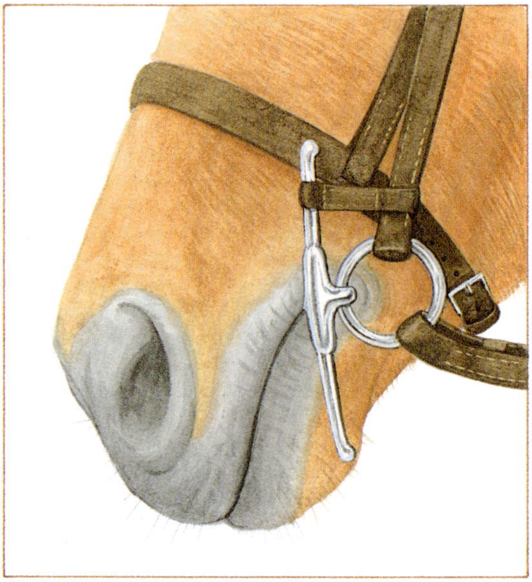

De kneveltrens en de Fulmertrens kunnen door een klein riempje verbonden worden met de bakstukken. Zo blijven ze mooi op hun plaats en tijdens de wendingen blijft het bit goed op de juiste plaats inwerken op de mond.

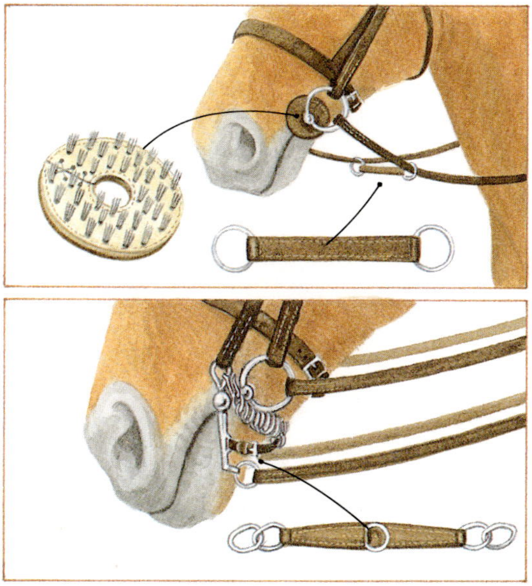

Ringen met een borstel zijn een kwelling. Ze worden soms gebruikt voor paarden die aan één kant vastzitten; Ierse martingaal of Trait d'union, de teugels worden mooi bij elkaar gehouden; Leren kinkettingriempje om schuiven te voorkomen.

Het paard kan proberen zich aan de inwerking van de ruiter te onttrekken door het opensperren van de mond, of door zich stijf te maken in het kaakgewricht; probeer eens een dressuurneusriem, die niet te laag mag zitten.

Paarden die met hun hoofd slaan tijdens het rijden, hebben dikwijls last van een niet goed passend hoofdstel of bit. Controleer het frontriempje, dit is vaker de oorzaak dan een niet-passend bit.

Nog een manier om zich aan het bit te onttrekken is het hoofd omhoog en tegen de teugel duwen, waarbij bovendien ook de mond opengesperd kan worden. Een martingaal of stootteugel kan een heel nuttig hulpmiddel zijn.

Bitloos hoofdstel

Er zijn paarden die nooit goed op een bit zullen lopen. Voor deze paarden kan de hackamore een uitkomst zijn. Dit hoofdstel werkt echter zeer scherp in op het neusbeen en mag dus alleen door zeer ervaren ruiters met veel gevoel gebruikt worden. De neusrug is een bot met direct daaroverheen de huid, waarop de hackamore inwerkt. Dit bit zonder mondstuk is voorzien van een kinketting van leer, die ervoor zorgt dat er ook op de nek druk wordt uitgeoefend. Het is dus een vergissing om te denken dat de inwerking zachter is wanneer een bit geen mondstuk heeft.
Er zijn twee types hackamore in gebruik, de Duitse en de Engelse. Beide oefenen druk uit op neusbeen en kaak. Daarnaast wordt de Zuidamerikaanse bosal gebruikt, meestal alleen tijdens het aanrijden van het groene paard. Dit mondstukloze bit werkt vooral op het neusbeen in, maar door het gewicht van de knoop in de halster wordt het paard geleerd op de zijwaartse druk van de teugels te reageren, het z.g. 'neck reining'.

De leren kinketting van de Engelse hackamore oefent druk uit op de kingroeve, de scharen zijn van metaal. Beide hoofdstellen zijn handig wanneer het paard geen bit accepteert.

De Duitse hackamore heeft een metalen neusbrug die gevoerd is met zacht leer of schapevacht. Hiermee wordt druk op de neus uitgeoefend. De werking komt overeen met de Engelse hackamore.

Bij de Zuidamerikaanse bosal zorgt de harde leren knoop ervoor dat het hoofdstel op zijn plaats blijft. Bovendien biedt het de gelegenheid door middel van 'neck reining' de hulpen voor de wendingen aan te leren bij onbeleerde paarden.